LES SOUVENIRS DE LA

LIONNE NOIRE

LA GRIPPE MORTELLE

SERGIO JUNIOR

Du même auteur de :

J'étais à tes funérailles

Pierre de feu

Le secret des noirs vainqueurs

Sauvés par l'art

Une mère en désespoir

Pour défendre une cause sociale, contre la violence domestique.

Mes remerciements à mes lecteurs, mes amis et ma famille, pour l'encouragement et le soutien inlassable pour mon progrès. À tous ceux qui pendant toutes ces années, directement et indirectement, ont été source d'inspiration et de soutien pour ma vie artistique.

Sentez-vous enlacés dans cette œuvre.

Résumé

Préface

À première vue, cette œuvre peut susciter des interrogations et est même l'un des objectifs de l'auteur, également amertume et colère contre les bourreaux de l'histoire, étant donné leur contenu douloureux et réaliste.

Pendant ce temps, je préfère et j'incite le lecteur bien-aimé à observer les choses et les dénonciations faites ici, qui jusqu'alors ont été muettes, non par l'aspect de justice, de chagrin et de vengeance, mais pour la résilience et la détermination du personnage principal.

Soyez récompensé d'un concours nutritif pour votre vie émotionnelle et psychologique, préférez voir le cycle de renouveau, non pas issu du personnage mythologique "phénix", mais l'authentique proposé par la survie de la famille.

Je crois que de cette façon, vous serez certainement rempli, et lavé avec un bain de foi, foyer et l'amour de la famille et des enfants. J'espère sincèrement que vous, cher lecteur, avez exactement la même sensation que j'ai en préférant cette œuvre.

Bonne Lecture - Elione de Jésus

Sauípe-Bahia 2020

LES SOUVENIRS DE LA

LIONNE
NOIRE

LA GRIPPE MORTELLE

INTRODUCTION

Elle avait sa voix étouffée, son cri de détresse sourd, une blessure non guérie et un criminel non puni. Cependant, il y a encore quelqu'un qui peut être sauvé, une vie qui peut être épargnée, une âme qui peut être nourrie, un enfant effrayé qui peut être protégé.

L'histoire du personnage central de ce livre est réelle et beaucoup plus profonde, mais dans le but d'extérioriser avec brièveté et objectivité, je me suis arrêté sur les leçons que j'ai prises les plus urgentes et actuelles. Le but est d'éveiller les gens par l'exemple, afin d'aider à surmonter certains héritages émotionnels qui restent sans explications. Or, par manque d'intérêt à se recycler, ou par manque de connaissance de l'origine du problème.

Indépendamment du contexte et de la circonstance, ce livre doit être considéré comme un collyre, mais aussi comme une instruction préventive pour une meilleure direction et des conseils donnés par les ergothérapeutes, les psychologues et les parents en général. Dans une période de douleur et de détresse extrême, elle lutte pour ne pas mourir et avoir le privilège de voir ses enfants grandir, un rapport de résilience à la pression psychologique, un manuel de survie.

LE BRÉSIL APRÈS L'ABOLITION D'ESCLAVAGE

Jetés au hasard

Tout le monde sait que la violence, le déséquilibre et d'autres manifestations émotionnelles ou psychologiques chez l'être humain ne sont pas des facteurs aléatoires qui se produisent de façon sporadique.

Ils sont en fait des fruits de l'absence de perception de la gravité du fait lui-même, c'est-à-dire l'ignorance et/ou le patrimoine génétique et neurologique.

Parmi beaucoup d'autres facteurs, l'un des plus prépondérants est la louange de cette action (chose peu rare) dans la société, à savoir si le milieu exalte, évidemment l'agent se sentira motivé et accueilli, ce qui le fera agir pour se sentir reconnu et satisfaire son besoin d'appartenir. C'est le cas de ce genre de crime qu'on aborde ici.

La civilisation, l'éducation et la sensibilisation de l'individu sont les meilleurs remèdes pour combattre cette maladie qui remonte au primate. Toutefois, il convient de reconnaître que, souvent en fonction de l'époque et du lieu, certaines idées et philosophies sont tout simplement inaccessibles ou très éloignées. Ce livre est très important, il est un lien de connexion rapide, de réaction immédiate, il est temps de se réveiller.

Ce fameux terme "produit du milieu", cette théorie de certains penseurs qui disent que si l'environnement est d'amour, l'être tend à être aimant, si violent, le fruit le sera aussi.

Évidemment, même en sachant que cette théorie n'est pas le consensus, on ne peut pas nier que, le milieu, quand on ne rencontre pas opposition catégorique et orientation ostensible, est au contraire libre de se reproduire. Et les résultats sont observés par de nombreuses générations qui peuvent même rendre banal et même culturel.

Le nord-est du Brésil a été le théâtre de diverses histoires douloureuses et sanglantes, depuis les révolutions les plus connues comme le canular, la Guerre des Canudos brillamment racontée par le phénomène carioca, Euclides da Cunha, jusqu'aux luttes les plus éloignées de l'été du Brésil.

Cette histoire se passe là-bas aussi.

Flèches

À la fin du XVIIIe siècle, dans le village d'Alagoinhas, qui a été fondée quand un prêtre portugais dont l'identité n'a pas été gardée — a fondé une chapelle dans la commune, en louant Saint-Antoine autour de laquelle se forme le village de Saint-Antoine des Lagunes, dont le nom est dû aux nombreuses petites lagunes de la région.

En tant que point de passage important pour les boyaux et l'accès au Sertão (d'où le titre donné par Ruy Barbosa à la ville, "Portique d'or du Sertão Baiano"),

La paroisse prospéra et accueillit de multiples habitants, venus principalement d'Inhambupe (ville dont elle appartenait) Irará et Saint-Amaro. En conséquence, le processus d'émancipation de la commune a commencé vers les années 1840.

Le grand développement et la croissance de la population de la ville est venu en raison de l'ouverture de la gare ferroviaire (inaugurée en 1863), appartenant au chemin de fer de **Bahia** à San Francisco, car elle était le centre d'activités économiques, en raison du grand flux de personnes et de marchandises.

Enfin, le 13 mai 1888, le Brésil devient la dernière nation d'Amérique latine à abolir l'esclavage. Dans la célèbre

"Loi d'Aurea" signée par la princesse Isabel. Aux bûchers et aux ravins et face à beaucoup de résistance des hommes d'affaires de l'esclavage, la loi s'accomplit et quelque 700.000 hommes et femmes avec leurs enfants furent libérés.

Cependant, aucune préparation ni politique publique préalable n'avait été prise pour abriter ces "hommes libres".

Cela a d'abord provoqué une grande commémoration, devant le palais impérial, puis sur la place D. Pierre II à Rio de Janeiro, une foule d'esclaves et de groupes intellectuels et politiques pro-abolition ont célébré : à Recife, plus de 15.000 personnes, à Salvador et dans tout le pays des milliers. Mais après les célébrations et toutes les émotions, la réalité frappe à la porte.

Et comme certains l'avaient prédit, il y a eu des bagarres, des morts et des fuites massives. Des gens errant dans le désert, sans endroit où vivre et sans être en état de vivre avec plusieurs enfants.

Sans parler des préjugés auxquels ils étaient confrontés dans la société, qui les qualifiaient de "vagabonds " avec des adjectifs, c'est-à-dire :

La liberté qui leur a coûté très cher et de nombreuses vies ont été perdues.

L'inégalité sociale au Brésil commençait déjà à devenir plus évidente à partir de cet événement. En plus de la cruauté de ses bienfaiteurs et de ces bourreaux qu'ils avaient affrontés, il était à cette époque : "chacun pour soi et Dieu pour tous".

La lutte était présente pour la survie, ce qui a causé un grand mouvement migratoire dans le pays. Ces changements de villes et les recherches de lieux éloignés de la mer (montagnes), du port, conditionnent cette communauté libre à vivre de façon précaire et violente. C'était le seul moyen qu'ils avaient reçu à la senzala (salon pour les esclaves dormir), c'était leur école.

Au milieu de ce peuple, normalement descendants directs de migrants africains venus sur les navires négriers pour la subsistance du travail forcé au Brésil, il y avait des familles déséquilibrées. Des rumeurs de possibilités d'emploi apparaissent dans les villes qui commencent à se développer.

Ce qui pousse de nombreux hommes d'Irará, d'Inhambupe et de Saint-Amaro de la Purification, connu sous le nom de recoin baiano, à chercher la chance de survivre à un nouvel espoir de travail à Alagoinhas, la ville des rêves pendant quelques années à Bahia.

Il y avait du travail oui, mais pas assez pour tous les rêveurs (chômeurs) du nouveau comté.

On ne peut pas non plus manquer le commentaire — que certains hommes, nouvellement libérés et leurs enfants — n'avaient pas beaucoup de culture ou d'éducation.

Il s'agissait de citoyens très bons travailleurs, mais assez indolents et complètement enclins à l'alcool.

Vivant comme des ivrognes — formant des familles ou essayant de le faire — parfois avec un certain succès. Se souvenant que plusieurs portaient de profondes angoisses pour les pertes indicibles dans les eaux de l'océan lors de la "traversée" — les parents, les amis et les frères, occasionnellement les enfants.

Bien qu'on ait une image idyllique de ce peuple, on les attribue toujours aux danses et aux joies de ses fêtes, ce qui peut occasionnellement être réaliste.

Il ne faut pas utiliser cette référence et s'y limiter, sous peine de dissimuler la douloureuse réalité qu'ils ont vécue et de nombreux descendants, qui ressentent malheureusement encore les résidus de ces problématiques émotionnelles, culturelles et sociales. Beaucoup, de façon inconsciente.

Les multiples lacunes laissées par le sacrilège de l'esclavage, a formé la culture de ce peuple sur les terres de canne à sucre, leur donnant seulement des chemins de palliatifs connus, comme l'anesthésique de l'ère, l'alcool.

LA NOUVELLE

VIE DES IVRES

Ivres

Les maisons laissées, les amitiés et les seuls recoins du pays qu'ils connaissaient, ils ont dû laisser, sans aucune attente, à l'événement de l'abolition.

Ces circonstances, et d'autres malfaisantes, ont favorisé le développement d'une rancune froide-nature macabre chez les femmes — et une sorte de mal du Chateaubriand chez les hommes.

Ainsi vivaient les hommes et les femmes de la voïvodie baiane dans le nord-est du Brésil vers le début du dix-neuvième siècle.

Il n'y avait pas encore d'électricité dans les nouvelles villes, ce qui augmentait les difficultés. Mais dans la seconde décennie du dix-neuvième siècle, l'énergie fut apportée à la ville et une Sainte Maison de Miséricorde fut inaugurée en ce lieu. Cependant, la civilisation s'était montrée encore adolescente et le "nouveau monde" s'était constitué un mirage.

Dans ce scénario d'obscurité et d'incertitudes, vivent les époux, Manuel Grégoire et Lucie Maria, qui, comme tant d'autres, tentent de surmonter les limites que la nouvelle vie impose et essaient d'être heureux en famille.

L'amour bref

Grégoire a un penchant pour l'alcool qui lui semblait être une main amie, mais il est devenu à un moment donné son principal vecteur de violence et de malheur financier. En fait, les ivrognes ne gardent rien, n'aiment rien, ne cultivent rien, sinon ce sentiment d'anesthésie émotionnelle.

Chaque peuple a son opium et cette génération l'avait appris. Cependant, ces dépenses personnelles et interpersonnelles ne permettaient pas le progrès, pas plus que des liens affectifs durables. Au milieu de ce récit malheureux de pauvreté, violence et misère, naît l'amour, ou Dieu sait ce qu'il était, car face à certaines circonstances, il y a beaucoup plus besoin d'abri et de sécurité que l'amour lui-même.

Je dis cela parce que nous savons tous que beaucoup de vieux mariages ont été forcés, soit par les parents dans les éternelles alliances de commerce et de famille, soit par d' autres circonstances, secrets, mais enfin.

Dans ce contexte naît l'amour entre un homme appelé Grégoire et la jeune Lucie, qui à cette époque était au visage calme, mais assez inconséquent, probablement le fruit de sa vie prééminente ou de son héritage génétique.

Pendant un temps, tout allait bien dans la mesure du possible, mais en raison des circonstances défavorables, allié au comportement des deux, le litige est devenu la norme dans le mariage et tout indiquait que cette relation n'aurait pas une fin heureuse.

Pourtant, ils eurent deux filles, Valdelice et Iraci.

Stratégie diabolique

C'était la fin de l'année de 1929 vers 1930. Le mariage n'avait pas fonctionné comme prévu, et ils se sont séparés.

On raconte que Grégoire était l'homme d'un grand nombre de femmes, voyant, provoquant la jalousie en Lucie, qui, après sa séparation, décida de céder la place à l'un des sentiments les plus cruels qui soient, la vengeance.

À cette époque, l'ex-mari de Lucie, Grégoire, vivait déjà avec une autre femme et il ne pouvait imaginer ce qui allait se passer. Mais ça changerait sa vie pour toujours.

Par une nuit froide, ignorant le fait d'être la mère de deux jolies filles, Lucie connut un plan très malin. Il a obtenu une couette, a recouvert de chiffons et a fait une sorte de petit radeau, a mis Valdelice, qui avait que deux ans, et Iraci, qui avait qu'un an, pour dormir dans l'emballage.

Lucie se vit sans recours émotionnel pour continuer sa vie avec la fissure de son mariage, et il développa alors le désir d'éliminer une fois pour toutes ce qui était devenu (dans sa vision) un obstacle à la continuité de sa vie, Ainsi, il effacerait aussi les souvenirs de sa relation avec Grégoire.

Connaissant l'heure exacte du premier train de la journée, Lucie décida d'agir, c'était un acte de désespoir et d'inconséquence, elle était obstinée.

Il se leva à l'aube et sort dans le noir, portant ce petit lit et le plaça minutieusement sur la voie ferrée, elle s'éloigne, condamnant les deux filles à mort. C'était un acte de lâcheté et cruauté sans précédent.

Oui, mais dans le contexte de la mort d'enfants, c'était déjà un moment paisible pour cette société, ils étaient habitués à la malaria, à la fièvre jaune et aussi à la cruauté des gardiens, vous savez ce qui se passait quand l'esclave tombait enceinte de son maître...

Dans son état d'esprit, c'était le seul moyen de se libérer et de continuer sa vie.

Il y a des choses qui arrivent qui sont vraiment inexplicables, certains appellent le hasard, d'autres le destin, d'autres attribuent Dieu, on ne pourra pas se justifier tant qu'on sera à l'université carbone.

Les petits enfants attendaient calmement que les roues de fer déchirent leurs petits membres, les faisant mourir. Lucie est partie sans réfléchir et a fait ses valises.

Valdelice, qui pouvait déjà marcher et s'échapper du piège, était ligotée et dormait, ne pouvait pas s'échapper, tout a été construit par l'esprit inconséquent.

À l'heure habituelle, encore sombre, le train a quitté la gare pour son trajet normal, a suivi le voyage, le même train qui ne pouvait pas freiner à l'avance, avait déjà tué des gens et des animaux. Il ne pouvait pas s'arrêter pour sauver les enfants, c'est pourquoi Lucie a mis sur la ligne. Il était impossible d'échapper.

À cette époque, le ravin de Bahreïn commençait à éclore avec la viande de bœuf, le commerce de viande bovine était une alternative prometteuse, en s'appuyant sur la circulation des "joueurs" qui conduisaient le boyau pour la ville de Salvador, capital de Bahia, en passant par Saint-Amaro et Alagoinhas, en bordant le littoral de la baie.

Le nouvel amour de Grégoire travaillait à la foire et partait tôt, il était appelé "travailler dans le fait (viscères de bœuf)", en se référant aux entrailles qui ont toujours imprégné le commerce et la cuisine bahianaise.

PAR

MIRACLE

Edite était une femme guerrière, ferme, mais aimante, par contre, elle n'avait pas encore d'enfants, donc elle se levait toujours à quatre heures du matin et sortait quatre heures trente, parfois cinq heures du matin pour travailler. En fait, c'est ne s'était pas qu'elle, mais aussi une grande partie de la communauté simple qui y habitait.

Ce jour-là, elle se leva, se changea, elle dit au revoir à son amour et elle part.

Le chemin de toujours est devenu pour Édite, une routine de grandes conversations et amusements entre les femmes travailleuses de la foire. Ce jour-là, elle est partie plus tôt et elle était toute seule.

En franchissant la ligne du train, elle tomba sur quelque chose qui bougeait bizarrement, elle ignora, car il lui semblait être un animal, mais après elle décida de regarder de plus près et écouta comme un grognement d'enfant nouveau-né. Sachant que l'horaire de la locomotive approchait, elle courut désespérément vers le paquet.

Il faisait sombre, l'emballage était bien scellé, on ne voyait pas bien de quoi il s'agissait.

Dès qu'elle a sorti le paquet de la ligne, elle a eu le courage de l'ouvrir, et voilà, il y avait deux enfants. Elle a eu peur du train qui est passé en klaxonnant quelques secondes après qu'elle a sorti le paquet de la ligne.

Edite trembla, elle n'arrive pas à croire qu'elle vient de sauver la vie de deux bébés.

Effrayée et terrifiée par ce qui venait d'arriver, mais ne sachant pas quoi faire, elle laissa les enfants là-bas, loin de la ligne du train, avec un mélange de sentiments, tantôt de devoir social accompli, tantôt de tristesse, de voir si grande cruauté.

Mais au lieu d'aller directement travailler, elle ne réussit pas à contenir le profond trouble émotionnel, et très effrayant, décide de rentrer à la maison. C'était comme s'elle comprenait qu'elle se sentirait mieux si son amour, Grégoire, l'apprenait immédiatement. Dans le chemin de retour, elle croise quelques femmes et elle invente des excuses pour dire qu'elle va plus tard au travail. Ses copines ne comprennent pas ce que se passe.

En rentrant chez elle, elle a appelé son petit ami pour voir qui étaient les enfants.

" Écoute mon chéri, j'ai besoin de ton aide, je suis très mal, je ne vais pas au travail, j'ai trouvé sur la voie du train deux petits enfants dans un paquet, je l'ai laissé loin de la ligne, mais je ne peux pas travailler si je ne suis pas sûr qu'ils sont en sécurité. Tu viens avec moi, on va voir si on peut identifier ou appeler la police ? "

Il se lève et ils sont partis :

En contemplant le désespoir dans les yeux de sa petite amie, Grégoire comprend le besoin de transmettre la sécurité et décide d'accompagner sa bien-aimée au travail, mais le but était seulement de la conduire au travail.

C'est qu'à cette époque, beaucoup d'enfants étaient abandonnés, sur la plage, dans les ordures, devant des entreprises ou des couvents, Grégoire le savait. Il prit la main d'Edite et ils partirent.

Redémarrage

En passant sur place, les premiers rayons de soleil frappaient déjà les enfants qui pleuraient, qui se déplaçaient dans l'emballage, qui était intact comme au petit matin.

Edite pointe du doigt l'endroit exact et persuade son petit ami de venir, sale Grégoire, même si c'était un homme dur, a été abasourdi en déballant le paquet. L'alcool semblait avoir disparu instantanément de son corps, la raison en est ressortie, et la bohème est tombée en état de choc, très effrayé et un peu bégaie, a mis ses mains sur sa tête et a dit :

Ce sont mes filles !

Qu'est-ce qu'elle a fait ? Il parla de son ex-femme, Lucie. La petite amie de Grégoire, Edite, qui avait empêché le meurtre de ses filles, était un signe spirituel, elle serait la femme de sa vie. Et ç'a été confirmé.

Edite, bien que jeune et sans expérience maternelle, consola son petit ami, sort les enfants de la boîte, en nettoyant et dit à Grégoire : calme-toi mon amour, ne désespère pas, ramenons les filles à la maison, je t'aiderai à élever tes filles.

Grégoire avait peur de laisser ses filles avec leur maman, il ne savait pas quoi faire avec deux enfants si petits. Il voulait même tuer son ex-femme, mais les paroles d'Edite ont pénétré comme un renouveau pour lui et ont assuré la sécurité pour poursuivre la mission de père.

Ils étaient maintenant, Grégoire, un ivrogne divorcé, père de deux petites filles, essayant de se rééquilibrer dans la vie, sa nouvelle femme, marchant vers une nouvelle destination, sans savoir ce qu'attendait.

Entre les larmes de repentance et l'amertume de l'âme, bien qu'il fût abasourdi par le courage insensé de Lucie. Il décida avec sa nouvelle compagne qu'il n'avait pas encore d'enfants, qu'il emmenait les deux filles dans sa nouvelle maison et qu'il essayait de les élever.

Ce matin-là, Lucie s'attendait à ce que le fléau des enfants se répande dans le village, mais inexplicablement, on n'entendait rien. Le premier train de ce jour est passé, le deuxième, le troisième, mais aucun commentaire n'est venu.

Au vu des fentes de la fenêtre, elle s'attendait à ce qu'une voisine vienne ou même la police lui demande pourquoi.

Il n'eut pas non plus le plaisir des vengés, il n'entendit pas son ex-mari pleurer à ses pieds et demander pourquoi elle avait fait cela, parce qu'elle avait été si lâche en tuant ses deux filles.

Cette fois, il y a eu une interférence qui ne peut être que divine. Ce serait une coïncidence que ce soit la nouvelle petite amie de Grégoire qui trouve ce paquet, quelque chose d'aussi synchronisé, du temps et de l'espace, ça ne peut pas être le fruit du hasard.

La police n'ayant pas été dénoncée et ignorant ce qu'elle avait fait, Lucie se voila la face et ne reprend même pas la possession de ses deux filles. Sans regret, elle finit ses valises et prend le train, sans dire où elle allait, vue vivante pour la dernière fois à Alagoinhas.

On rapporte que Lucie est partie pour la Cité des rêves, à savoir São Paulo, se remarier et avoir d'autres enfants.

Malgré tous ses problèmes, Grégoire décida de quitter Alagoinhas avec sa nouvelle femme et ses deux filles.

Ils allèrent ensuite vivre à Salvador-Bahia, où ils auraient d'autres enfants que les deux filles.

LA NOUVELLE VIE
À SALVADOR

À Salvador-Bahia

Vivant déjà dans la capitale de Bahia, l'alcool continuait à déséquilibrer la position paternelle de son Grégoire, et en quelque sorte, il a nui à l'enfance et à l'adolescence de ces filles et des autres frères. Il avait d'angoisse à cause de ses mémoires du passé et il n'arrivait pas à pardonner son ex-femme. Il avait une tristesse profonde et il buvait pour oublier tout.

Et c'est là que réside le doute philosophique de beaucoup de gens, c'était vraiment bien que les filles aient échappé à la mort ?

N'aurait-il pas mieux valu qu'elles se débarrassent à l'avance de la souffrance à venir ?

Les agressions verbales et physiques étaient constantes et abusives, les traumatisant et engendrant des femmes, blessées et émues.

C'est que, souvent, nous romançons et normalisons la violence, en considérant comme faibles ceux qui en sont les victimes, mais c'est un fait que ce fléau détruit les histoires, il souille aussi beaucoup d'âmes possibles.

La fille aînée, par exemple, Valdelice, a développé des traits psychologiques de peur, d'intimidation et de soumission exagérée, précisément en raison de la souffrance aiguë qu'elle a dû endurer depuis son enfance.

Cela, selon cette société et même une partie de la société actuelle, pour se montrer forte, combattante, guerrière, bien, les adjectifs sont sans fin, tout en romanisant l'agression gratuite, en induisant l'agent passif à recevoir tous les coups des prédicateurs sans accuser le sujet.

Le fait était que Valdelice avait un phénotype très similaire à sa mère, ce qui énervait Grégoire. Il transmettait la colère et la haine qu'il nourrissait pour son ex-femme par les coups et les insultes.

C'est un autre point crucial qui nécessite une observation approfondie :

Quand un couple se sépare et qu'il y a des enfants dans la relation. Normalement, le plus nerveux et le moins intelligent a toujours tendance à décharger leurs frustrations au sujet de la rupture sur les enfants.

Expressions du genre : tu es comme ton père ! Tu es aussi mauvais que ta mère ! Tu finiras par avoir le même avenir que ton père !

Les idioties prononcées par ceux qui ont un traumatisme dans l'âme issu d'une séparation sont innombrables et ceux qui souffrent le plus souvent sont les enfants, qui, en plein développement, entendent des choses absolument négatives sur leur origine même.

Cela forme un être humain avec une condition sociale très altérée, car ce que vous entendez dans l'enfance et l'adolescence, est généralement transmis sous forme de comportement et de personnalité de l'adulte.

Un autre détail, l'enfant n'a pas de condition interprétative ou sa cognition n'est pas si affinée pour discerner que, ces paroles pleines de colère prononcées par son père ou sa mère, ne sont que des affronts de souffrances non surmontées ou un dérapage émotionnel et psychologique. Au contraire, ceux qui écoutent interprètent avec la réalité, si elle est immuable et comprennent que son origine est mauvaise, elle est démoralisée.

C'est exactement pour cela que vous rencontrez souvent des gens si jeunes avec le moral si bas, avec des concepts sur eux-mêmes très amoindris et, à tort. Nous attribuons à un manque de perception et le désir d'attention par le biais de la compassion, ce que j'appelle "esprit de la victime", mais il ne faut pas interpréter mal sans en connaître la cause.

Il est vrai que la personnalité positive est construite à travers des incitations et des critiques ponctuelles et constructives, pas avec des expressions démesurées et lourdes qui laissent entrevoir la dévaluation de l'individu.

Ce n'est pas par hasard qu'il y a une inquiétude sur le "harcèlement".

Lui, Grégoire, l'insultait et ironisait sur l'apparence de sa fille, il disait des mots de dénigrement et il les chahutait tout le temps. Des choses comme :

"Tu as le même visage de cookie que ta mère."

Il traitait sa propre fille de l'aide et ne lui permettait pas d'étudier.

Avec Iraci, la petite sœur, il était plus indulgent, car son apparence ne lui rappelait pas son ex-femme. Cela ne l'empêche pas non plus de subir le mépris de sa grande sœur. Sans mère, elles manquaient de soutien pendant leur enfance et leur adolescence, se voyant plus comme des femmes de ménage que comme des filles.

Ainsi grandirent les jeunes filles qui furent sauvées de la mort avant que le premier train de ce jour ne brise leur vie. Certaines histoires se répètent de manière si similaire qu'elles paraissent fausses.

Savez-vous quand vous rencontrez une sorte de déjà-vu ? La même intrigue, mais dans un autre endroit ?

Eh bien.

La violence ne faisait qu'augmenter et les douleurs se multipliaient dans ce foyer. Ils eurent d'autres enfants, et Maria Edite a souvent subi la violence de son mari, tout cela pour protéger Valdelice de la colère et le contrôle de son propre père.

Edite, même si n'était pas sa fille, était intrépide et entrait dans la confusion comme une vraie mère, ce qui forgea la personnalité de Valdelice.

Notre lionne grippée, avant de devenir adulte, c'est-à-dire à peine quatorze ans, a rencontré celui qui allait devenir son époux, Monsieur Januário.

En fait, il s'appelait Salvador Januário dos Santos, mais comme tout grand nom dans le nord-est du Brésil a une abréviation, appelons le simplement Januário.

Fils de M. Joseph et Mme. Marie Januária, on n'a pas beaucoup d'informations de sa famille, mais comme la plupart des gens de cette époque, il avait avec lui un mal, la dévotion à l'alcool.

Noir, grand et fort, Januário s'approcha d'un foyer déséquilibré et développa la soif de sauver l'adolescente Valdelice, et là tira des mains de son père controversé, Grégoire.

C'était une occasion de sagesse et de fuite, surtout parce que quand c'était adolescente, elle n'avait aucun sens de la vie, même si beaucoup de filles tombaient enceintes très tôt à l'époque.

Cet amour représentait la libération de la vie de Valdelice, c'était le temps de s'éloigner de la colère et du déracinement de Grégoire son père, c'était censé être l'oasis pour elle.

Comme certains hommes de l'époque, Grégoire n'avait pas beaucoup de compréhension pour ce qui touche au mariage, et il ne s'opposa pas au plan du probable gendre et céda à ce que sa fille s'implique avec Januário.

Pleine d'espoir, bien que complètement naïve, Valdelice a donné son amour à cet homme. Dans sa vision, elle échappait à l'enfer et se libérait de ses souffrances les plus profondes.

M.Januário était un homme à la personnalité forte et énigmatique, il était en fait une énigme.

LA GRIPPE
MORTELLE

Nouveau cycle

Enchantée et pleine de perspective, Valdelice est allée vivre avec Januário dans un quartier énigmatique de Salvador, le site porte une renommée pour faire partie d'une montagne qui a servi d'observatoire des Portugais, à l'occasion de l'invasion hollandaise dans la ville. Il s'agit de la colline appelée "Alto do Peru", où se trouve l'église de Nossa Senhora de Guadalupe.

Le quartier fait partie de là soi-disant "Fazenda Grande (grande ferme)", dont le nom fait référence à monsieur Justino, l'ancien propriétaire de la Ferme qui était très grande. Celui-ci a décidé de vendre quelques petits lots et ont été la création de quartiers comme : Retraite, IAPI, Bom Juá.

La lune de miel a duré peu de temps et s'est terminée, comme d'habitude, elle est rapidement tombée enceinte. Trop jeune et sans expérience, elle ne savait pas grand-chose de la vie de femme au foyer, de mère et d'épouse, elle n'avait pas été bien "formée", elle avait été gravement blessée, mais elle croyait en l'amour.

La première fille est née très vite. On en parlera plus tard. L'environnement d'un foyer tend à osciller beaucoup indépendamment de l'expérience de chaque conjoint, mais il vaut la peine de souligner que, le fait de l'inexpérience, alliée au machisme absolu de l'époque, supprimait tout espoir de bonheur.

Dans chaque maison, il y avait beaucoup de difficultés, le temps était difficile et, nous ne pouvions pas être désinvoltes, la violence n'était pas gratuite. En fait, il était, et il est, une soupape d'explosion d'un conflit présent ou passé, une ressource de désespoir.

Mais l'adolescente Valdelice ne le savait pas et n'avait pas les moyens de l'atténuer, si ce n'est par l'amour et la jeunesse de son corps, largement exploité par son compagnon.

Il était toujours mécontent, malheureux et ennuyeux. C'était quelque chose de neurologique, enrichi par l'alcool, les loisirs de l'époque.

La violence psychologique est devenue la compagne de Valdelice, la violence verbale s'est rapidement transformée en physique. Elle fut très déçue, bien qu'elle fût habituée au cycle, d'avoir souffert tant d'années dans la maison de son père, ce n'était pas le rêve qu'il avait conçu.

Malheureusement, l'homme qui l'a sortie des griffes de son père était en fait une copie de la même personnalité. Cependant, triplement plus jeune, donc fort et inconséquent quand sous l'effet de l'alcool.

Si cette adolescente avait souffert avec son propre père, elle souffrait beaucoup plus avec son mari.

La violence conjugale était courante et les voisins, souvent, en réalisant ce qui se passait, faisaient semblant de venir à ce moment précis.

Valdelice apparaissait à la porte ou à la fenêtre, cachant les blessures et essuyant les larmes des coups. Comme on lui demandait si elle pleurait, elle disait qu'elle ne pleurait pas, que tout allait bien, mais qu'elle pensait avoir un peu la **grippe**.

Sa **grippe**, malheureusement, est la grippe de nombreuses femmes dans le monde. C'est un virus qui infecte de variées vies et détruit la vie de diverses femmes. De belles femmes, mais inopportunément, sans défense. Qui se soumettent à des douleurs et des violences inimaginables.

Les cris de Valdelice qui furent émulés aujourd'hui résonnent à travers ces lignes, j'ai décidé d'enlever l'isolation des murs de sa maison, pour que tout le monde entende le bruit des coups de poing dans son estomac. Je veux que tout le quartier sache qu'il y avait de la torture psychologique dans cette maison.

Vous entendez le bruit de sa tête qui frappe le mur ? L'acoustique a été enlevée.

Vous avez entendu ?

Vous voyez les enfants désespérés pleurer ? Ils n'ont pas eu le temps de courir chez leur tante.

Ces lignes réelles ont pour but de s'exprimer et de dénoncer ce qui se passe dans de nombreux foyers à travers le monde, la violence domestique gratuite.

Elle n'avait pas la grippe, elle était malade, mais c'était une maladie de l'âme, une maladie d'esprit. Sans ressource propre et sans personne vers qui se tourner, il se fiait à croire en Dieu, à avoir la foi que tout cela allait un jour changer.

Écrire ? Comment ?

Elle ne savait ni lire ni écrire.

Le prétexte ?

Ne pas apprendre à écrire une lettre pour de probables petits amis. C'est ce que pensait son père. Tout le monde craignait le M. Januário dans le quartier et beaucoup se solidarisent avec les souffrances de Vardé comme elle était affectueusement appelée.

Cependant, elle n'a pas abandonné, et c'est pourquoi elle est considérée par analogie comme une lionne.

Parce que l'argent était peu, elle partait chercher du travail, subvenait aux besoins de ses enfants avec ce qu'elle gagnait de son travail, son mari, bien qu'étant un homme bon quand il était sobre, sortait et revenait quinze jours plus tard, généralement ivre et encore plus violent.

La lionne de la Bahia lavait et repaissait des vêtements "de gain" pour nourrir ses enfants, qui étaient tous des hommes.

Et c'était exactement cela, un des facteurs qui rendait Januário très triste et très malheureux, c'était le fait qu'il n'avait jamais eu de fille, la "reine" qu'il désirait tant.

Comme il n'avait jamais réussi à accomplir ce don, il maudissait la femme qu'il avait connue encore adolescente. Il ne se souciait de rien, ni de lui-même, il se flétrissait dans l'alcool et vidait sa haine de ses enfants et de sa femme.

Il y a toujours un facteur émotionnel et psychologique derrière ces comportements.

Parfois, et pas souvent, la mère lionne courageuse, sans confronter le bourreau, faisait sauter ses enfants par la fenêtre et ils s'enfuyaient rapidement vers la maison de leur tante, Mme. Iraci, qui depuis son enfance accompagnait sa sœur dans cette saga maudite de souffrance et de solitude.

Les enfants restaient là, effrayés, jusqu'à ce que la colère de leur père, issu de l'alcool et des frustrations, s'estompe et que les attaques contre cette guerrière maman cessent. Elle était là, portant un fardeau qu'elle ne méritait jamais. C'est ça, depuis l'enfance. Elle gémissait à chaque coup, pleurait et le suppliait d'arrêter. Cris, insultes, agressions verbales déplorables, tentatives d'asphyxie consécutives.

Quand il voyait que sa femme, généralement enceinte, était épuisée et n'a pas réagi, alors il s'a arrêté. Et il se vengeait sur la nourriture, sur les provisions qu'il avait achetées lui-même.

On ne peut pas cacher que si Januário était sobre, il n'était pas la même personne, il ne montrait pas beaucoup d'amour ou d'attachement, mais il n'était pas le même homme violent que lorsqu'il était alcoolique. Un des facteurs qui montre très bien cela, même si elle dénote également déséquilibre, était le moment de faire de la commission (foire), c'était ce genre d'homme qui voulait voir l'abondance dans la maison.

Plus tard, il rentrait ivre dans la rue et continuait sa routine de violence physique et psychologique envers sa famille. À la fin de l'action physique, il prenait lui-même la nourriture qu'il avait achetée et détruisait tout, en la jetant du bord du terrain qu'il habitait. On ne pouvait donc pas récupérer les aliments, même cuits.

LA GROSSESSE

Autre gestation

Cet enfer s'atténuerait un peu après une autre grossesse, mais cette fois, au sommet de sa colère, Le mari a clairement menacé de tuer sa femme si ce prochain bébé était à nouveau un garçon. Non, ce n'était pas une menace commune, c'était décisif, même les voisins le savaient déjà.

Là, le martyre de Valdelice cesserait, car le jour où elle, désormais expérimentée, réalisa qu'elle était sur le point d'accoucher, et elle demanda à son mari d'appeler une sage-femme.

C'était une pétition intelligente, elle pensait encore une fois à la progéniture, le fait qu'il soit parti à la recherche de quelqu'un était une chance pour elle de se débarrasser de la mort, elle était sûre que le fruit serait un autre garçon, donc elle a voulu la présence d'un agent extérieur. Il ne ferait rien s'il y avait quelqu'un d'autre.

C'était intelligent et un signal de détresse en même temps. Attendant le pire, elle a tout calculé et a envoyé les enfants à la maison d'Iraci et là, elle a attendu le moment final. Il commença à ressentir les contractions les plus fortes, la santé qui n'était pas due aux nombreuses agressions, mais une fois de plus, la lionne du cachot enfants.

Et cette fois, c'était une fille.

Elle embrassa et regarda la jeune fille plusieurs fois afin de vérifier si ce n'était rien d'autre qu'un mirage, ne se souvint pas de joie et pleura, pleura beaucoup. C'était comme une réponse de Dieu à ses supplications. C'était comme un miracle incroyable.

Cela faisait 15 jours qu'il était parti. Il a appris que l'enfant était déjà né.

Une émeute a éclaté dans la rue quand les voisins ont vu une voix ivre venant du quartier, hurlant, promettant. Il est rentré à la maison en demandant l'enfant, en utilisant les noms d'insultes et il était convaincu qu'il était un garçon à nouveau.

Dieu merci, il avait 15 jours et Vardé avait déjà la force de protéger sa famille. Quand il s'approcha, elle cria rapidement entre la peur et la joie :

"C'est une fille ! C'est une fille ! "

Il s'est énervé parce qu'il pensait que sa femme mentait pour se débarrasser de sa promesse.

Pour que sa parole soit crédible, Valdelice a vite enlevé la couche du bébé et lui a fait regarder les parties génitales.

Il était ivre, mais sa conscience était bonne, et en contemplant cette bénédiction qu'il désirait tant, il devint un enfant.

C'était un coup d'amour, cette main énorme caressant le visage de sa fille et regardant sa femme avec tendresse, c'était la première fois qu'elle se sentait aimée, elle pleurait, mais cette fois d'émotion, de joie, il pleurait aussi profondément et haletant, sortait à nouveau pour boire.

Il est parti célébrer la naissance de sa fille unique. Il est sorti en vibrant dans la rue, accompli.

La vérité, est-ce qu'il avait vécu jusque-là un grand traumatisme, car son premier fruit avec Valdelice, quand elle était encore adolescente. Tu te souviens quand j'ai dit qu'on reviendrait là-dessus ?

Eh bien, le premier fruit était une fille, mais l'enfant mourut encore bébé. En partie par inexpérience de la mère qui était aussi un "enfant", en partie parce que la progéniture était fragile de santé.

Voilà une autre raison pour laquelle il était si en colère et accusait sa femme pour ça. Cette douleur infligeait Januário qui se sentait maudit, alors il poursuivait avec une telle avidité le rêve d'avoir une fille.

Quels que soient les efforts que l'on puisse faire, on n'atteint pas l'ampleur de la souffrance de cette femme.

La pression psychologique qu'elle subit est inimaginable. Dépression, angoisse profonde, douleurs et bleus, prison privée.

C'est pourquoi **Elione de Jesus Santos**, la fille unique du couple, était le projet du ciel pour l'enfer vécu jusque-là dans cette famille.

Le mot Elione ou Eliane a son sens lié à El-Elyon de l'Hébreu qui signifie "Dieu Très Haut" et, il semble que quelque chose de vraiment divin est arrivé dans la maison avec son arrivée. La vie a changé pour Januário, il n'a pas arrêté de boire, mais il s'est un peu calmé. Un peu.

Pour lui, Elione était sa reine, sa princesse, une source d'eau dans sa vie et un soulagement pour les enfants et pour Valdelice.

Il faisait un effort pour contrôler ses impulsions nerveuses, il essayait de se dévouer et de s'améliorer, il achetait les choses avec plaisir, et même si un homme apparemment froid essayait de montrer un peu d'affection.

Ces types de pathologies ne sont pas traitables sans aide extérieure, surtout s'il y a dépendance chimique, qui est en fait un détonateur de ce type de bombe à retardement humain ambulant.

Après la lune de miel et la santé de la petite fille se montrant stable, c'est-à-dire environ dix ou onze mois, elle est tombée enceinte de ce qui serait son dernier enfant avec lui.

La petite fille n'était plus le centre de l'attention, et la violence régnait à nouveau dans la maison, les abus physiques et psychologiques revenaient à grande échelle, et la santé cardiovasculaire de Valdelice n'était pas bonne, a eu une éclampsie et seulement quelque chose de transcendant peut justifier le fait qu'elle n'est pas morte.

Un jour, malgré son handicap et sa grossesse, elle réussit à jeter ses enfants par la fenêtre, les sauvant d'une nouvelle agression de leur père. En fait, la cible était toujours elle, mais les enfants effrayés se jetaient sur leur mère, comme s'il voulait défendre et protéger.

Elle préférait les envoyer chez sa tante quand il la frappait. Mais cette fois, elle a été frappée avec une barre de fer ; C'était pour frapper la tête, mais elle a levé les mains et a amorti le coup qui a frappé le ventre. Enceinte.

Oui, vous avez bien compris, c'était une barre de fer, il a frappé la femme et a frappé son ventre, étant enceinte. C'était presque son dernier acte héroïque, mais elle a survécu.

En raison des multiples gestations et de l'éclampsie qu'il a subie, fruit de mauvais traitements, la jeune dame de la voûte bajorane a développé une hypertension, un gonflement cardiaque et beaucoup d'autres problèmes de santé. Elle donna naissance à son dernier fils avec Januário et, étant conseillée par plusieurs amis de quitter la maison, elle résistait courageusement à l'affaire du "divorce".

Ce n'était pas vraiment une chrétienne/catholique déclarée, mais les principes moraux qui guidaient le pays, fondés sur l'influence portugaise et africaine, étaient toujours en contradiction avec la fin du mariage.

Elle-même pensait que c'était embarrassant pour sa famille, une jeune fille qui sortait de chez elle et qui "ne marchait pas", eh bien, il n'y a pas beaucoup de gens qui pensent encore ainsi au présent ? Alors, imaginez à cette époque.

La grande vérité est que les gens qui vivent le drame d'être les enfants de parents séparés ont tendance à éviter que le cycle ne se répète. Afin que la souffrance vécue ne transcende pas les générations. C'est un geste d'amour et de prudence, mais c'est complexe. Ce que je vais vous dire va choquer beaucoup de gens, alors, préparez-vous. Beaucoup de gens seront en désaccord et contredire, normalement, chacun a le droit de penser ce qu'il veut et mon lecteur a l'obligation d'être libre.

Au sens religieux, Dieu ne force jamais personne à le garder. La parabole du fils prodigue la montre bien. Le père connaît la valeur qu'ils ont et exactement pour cela, laisse le fils partir. Détail, il laisse partir avec tous les droits de fils (héritage). Bien que le père de la parabole souffre de la rupture de la coexistence sociale, il ne s'en prend pas à son fils.

Je répète, Dieu ne vous demande pas de garder une relation toxique, qui ne soit pas bonne pour vous. Si un père se sert de son rang de père pour opprimer un enfant, aucune entité sur cette planète ne me poussera à conseiller à son fils de continuer et d'obéir.

Si une mère, de la même manière, opprime l'esprit de sa fille, détruisant ses émotions, je lui donne le même conseil.

Pas de résistance infantile.

Une chose est la confrontation qui raffine le tempérament et le caractère, une autre chose est de vouloir faire valoir une domination possessive de l'être aimé.

Enfin et plus particulièrement, aucune femme n'a d'obligation de rester avec un homme, qui a des caractéristiques de déséquilibre et qui ne demande pas d'aide.

Le leader spirituel qui conseille à l'homme ou à la femme de porter un conjoint toxique, leur dit :

Jusqu'à la mort! Marié maintenant doit être jusqu'à la fin ! Dieu contrôle tout !

– Pour moi, celui est à service du diable !

Conscient ou inconscient.

Et ne viens pas, me donner des phrases philosophiques isolées pour dogmatiser votre stoïcisme démagogue pour garder la thèse vivante.

Ça suffit !

Si Dieu, dit le plus haut gradé de cet univers, lui a donné le droit de rejeter son amour et sa vision, en le laissant.

Pourquoi tu prends un être qui te méprise, tu humilies, tu insultes, ne te caresse pas et ne te fait rien ?

Ah!! Arrêtez !

C'est une agression physique et psychologique.

L'idée est de sauver les gens malades, dépressifs, et psychologiquement perturbés par les mauvaises relations avec ces êtres répugnants.

SORTEZ DE LÀ !

Mais pardonnez-moi la tournée, revenons à la fille de Valdelice...

Elione, la seule fille femme, montrait qu'elle avait une mémoire éclatante, qu'elle ressemblait trop à sa mère, et qu'elle gardait les costumes trop facilement.

La peur de Valdelice était que, étant elle, fruit d'une âme "creuse", comme elle disait :

"Vous avez une mère, pas moi, je suis fille d'un bâton creux"

Ça pourrait passer à sa fille unique. C'est pour ça qu'il résistait.

Une fois, Elione a dit à sa mère qu'elle avait rêvé et a commencé à raconter son rêve.

Le rêve se réalisait quand son père rentrait de la rue et faisait quelque chose d'inutile. Valdelice fut effrayée par la richesse des détails qu'il y avait dans le prétendu rêve de sa fille. Elle écouta attentivement, abasourdie par le souvenir de la petite princesse qui avait neuf ans, près de dix ans.

Encore une fois, ayant une sagesse intrigante, il dit à sa fille bien-aimée :

 Non, ma fille, ce n'est pas un rêve, c'est en fait arrivé, À l'époque, tu n'avais que trois ans. Ce récit si descriptif a fait réaliser à Valdelice qu'il y avait déjà un certain niveau de séquelle dans sa fille, qui a gardé un moment très triste à l'esprit.

D'autres signes étranges se sont produits dans la famille, certains enfants développent une carence excessive, un déséquilibre émotionnel avec un attachement à l'alcool et des problèmes neurologiques.

Vivant dans l'enfer qu'ils vivaient, on ne pouvait pas espérer un autre résultat.

LES PETITS LIONS

Les enfants de la lionne

Le fait est que les enfants de la lionne ont grandi et ont commencé à comprendre le labyrinthe dans lequel ils vivaient.

Voyant que la situation était inévitable, quelque chose de divin commença à réveiller la progéniture de Valdelice. Samuel et Reginaldo, deux des fils les plus âgés, qui étaient en dehors d'une union très serrée, commencèrent à travailler tôt, développant une personnalité pourvoyeuse, en discutant entre eux au travail, malgré la peur qu'ils avaient pour leur père, ils proposèrent une alliance fraternelle et se demandèrent s'ils ne pourraient pas louer et tenir une maison à l'extérieur de la Haute du Pérou afin de sortir la mère de ce martyre.

Samuel était le même visage de son père, grand, noir, fort et avec une voix intimidante, mais avec une personnalité protectrice, complètement différente de son père. Lui et Reginaldo étaient très paternels et ils ont beaucoup aidé à développer leurs jeunes frères.

Après avoir fait tous les calculs, ils se rendirent compte qu'ils pouvaient devenir indépendants malgré leur jeune âge et aider leur mère. Plan idyllique, mais avec un but noble. Se débarrasser de son père et de sa portée ne serait pas une tâche aussi pragmatique.

Ils sont partis pour l'action et ont commencé à chercher une maison bon marché pour louer, mais pas dans les environs, mais très loin de là. Ils ont décidé de donner un ultimatum à leur mère :

"Maman, tu quittes la maison avec tout le monde, que nous allons travailler pour soutenir tout, ne vous inquiétez pas"

Valdelice essaya même d'utiliser son discours habituel, mais en regardant la détermination de ses enfants, elle eut confiance en son plan et, en même temps, en sa fierté, ses enfants avaient hérité de sa détermination.

C'est peut-être difficile de comprendre comment une femme peut souffrir autant, et quand elle a une chance de s'en sortir, elle hésite.

En effet, ces cas touchent très profondément le moral de la victime, surtout quand elle est résiliente, qu'elle considère le fait comme possible à supporter, puisqu'elle n'est pas morte jusque-là.

D'un autre côté, le bourreau pénètre dans l'esprit de sa proie, lui faisant croire que personne ne peut la libérer de ses mains. Ce qui lui donne encore plus de certitude d'impunité. Dans cette spirale du silence, la victime croit que c'est son destin et que personne ne le comprendra. C'est un peu du syndrome de Stockholm, où la victime finit par aimer le kidnappeur. Carl Jung a une phrase qui me semble appropriée :

"Jusqu'à ce que vous deveniez conscient, l'inconscient dirigera votre vie et vous appellerez destin. "

Mon expérience personnelle est enrichie exactement par le privilège de travailler comme « thérapeute » pour les individus, les couples et les familles entières, où j'ai été témoin de faits incroyables.

Les hommes qui frappent se sentent confiants du fait de l'absence de dénonciations, mais aussi en raison de la dépendance financière de nombreuses femmes.

Beaucoup de femmes développent ce que Valdelice a développé, le fait que sa vie était déjà trop triste pour relever un nouveau défi, une nouvelle vie.

Un autre argument est l'image qui va passer aux enfants, ou à la société.

_ Si je lui dénonce, il ira en prison, mais il reviendra et me tuera, qui me défendra ?

_ Qui va m'héberger ?

Une fois, j'ai surpris un citoyen en flagrant délit en frappant sa femme devant sa fille de sept ans, je n'étais pas en service, mais je peux quand même intervenir.

Il a vu que j'allais à sa rencontre et a essayé de s'enfuir avec sa femme et sa fille dans la voiture, je suis entré dans la rue et j'ai ouvert les bras. Quand il m'a demandé si j'étais fou, je l'ai immobilisé. Il est monté dans sa voiture et la police est arrivée juste à temps. Je me suis identifié et j'ai expliqué la situation. Dans la police, la femme au visage blessé et avec le témoignage de sa fille, a insisté pour nier mon témoignage.

Pour peur, elle était effrayée, ses yeux tournaient autour et secouait sa tête comme si elle disait :

_« Pourquoi vous vous en mêlez ? Je suis habituée, alors, vous allez nuire à ma famille ? »

C'est exactement ce que je ressentais. Au bout de deux heures, une femme flic est entrée dans la pièce où la victime était, et l'a demandé si elle allait confirmer. Elle a dit oui, même si elle était très nerveuse. La police a travaillé dur pour que la victime "avoue", vous comprenez ?

— C'était comme si c'était elle la criminelle. C'est le genre de sentiment qu'elles ont.

Ils prétendent que leur foyer est exposé et que leurs enfants sont déséquilibrés. Ils menacent de mort et se rendent supérieurs à la justice. Elles sont malades de l'émotion, de l'âme, elles utilisent la foi, elles utilisent tout ce qui peut se justifier. Je m'excuse, mais il faut que le "sauveur" ne soit pas un philosophe, un psychologue. Vous devez être un dur dans la chute, prêt à regarder dans les yeux de quelqu'un et à montrer sa volonté de sauver la victime.

LE NOUVEAU QUARTIER

Les yeux de Reginaldo, de Samuel et d'Edson, ont toujours été les yeux des blessés, mais très motivés à avancer toujours.

Entrepreneurs et défenseurs de leur mère, ils ont décidé d'entrer dans la guerre silencieuse, ils se sont renseignés et ont trouvé un homme qui se sentait aussi confiant à louer la maison pour les jeunes locataires. Les garçons étaient déterminés.

C'était une maison simple dans un quartier appelé "Fontaine de l'herbe". Les jeunes hommes ont loué la maison, ils ont mis leur mère et leurs frères dedans, et tous ont quitté le vieux quartier, quittant cet endroit pour toujours.

Ce n'est pas un hasard si tous les frères ont constamment eu une vénération pour Reginaldo et Samuel, ils méritent vraiment tous les honneurs, étant donné l'attitude salvatrice qu'ils ont eue.

C'est exactement à cette époque que la lionne noire a réellement montré son éclat et sa candeur. Libérée des misères de son mari, dans un autre quartier, elle a proposé de se refaire. Charmante, à présent très différente, libre et prête à saisir toute opportunité.

Bien que l'âme souffrait et que la santé soit en bon état, il décida de vivre avec ses enfants, une nouvelle histoire, un nouveau temps, une nouvelle vie.

Et elle commençait à découvrir la vie, en vrai. Seulement après être mère des enfants déjà grands, Valdelice peut connaître la liberté et l'absence de violence.

Elle ne s'est pas arrêtée, et même si ses enfants avaient des goûts contraires, elle partait chercher du travail le matin, et comme toujours, elle a trouvé un travail, ce qui l'a rendue très heureuse.

Ses enfants avaient peur qu'elle trouve leur père et que quelque chose arrive. Ils voulaient la protéger. Son travail consistait à laver et repasser des palettes, à cette époque, il n'y avait pas de lavabos ou de machines à laver, mais les laveuses portaient les bassins ou les seaux jusqu'au bord d'un étang avec lequel d'une fontaine.

C'est comme ça qu'elle faisait la lessive, puis elle revenait avec le linge et le mettait pour sécher, puis passer et repasser. Ce n'était pas une tâche facile, mais les étais très fiers de cette brillante femme.

Un autre amour ?

Le temps est passé et la liberté, la joie et le sentiment de dignité qui se manifestent chez les personnes au sommet du bien-être, a également rendu visite à la petite Valdelice.

La beauté noire qu'elle avait perdue, plongée dans la souffrance, a commencé à revenir, les dialogues avec des femmes qu'elle ne pouvait pas avoir avant, la réaffirmée et l'assure un peu, mais pas assez.

 Quelque chose de très miraculeux est arrivé :

La lionne noire d'une candeur enviable, même mêlée de la vie, avec des problèmes de santé, secoua les douleurs et commença à attirer l'attention par la griffe, le dévouement et la façon dont elle considérait ce travail, la fit trop admirer.

Lors de ces allées et venues à la source, dans l'une de ces circonstances inexplicables de la vie, le véritable amour fit signe à Valdelice.

Elle avait peur de ce qui lui semblait improbable, mais c'était la première fois que l'amour lui rendait visite. Même si cette fois-ci, elle était différente, elle a commencé à s'enfuir et à se méfier, elle pensait que ça pourrait être une autre blague avec son âme, juste ce temps-là qu'elle était sortie de cet enfer.

Oui, elle a douté.

Cette fois, Vardé n'était plus un enfant comme la première fois, elle avait vécu un bon moment et ne faisait plus confiance aussi facilement. De plus, elle avait déjà de grands enfants, à l'exception des derniers qui étaient à l'adolescence. Elle ne voulait pas non plus être empêchée de se battre pour l'indépendance, elle avait goûté à la liberté et n'était prête à rien perdre.

Là, après des années séparées de son algal, elle fut courtisée pendant près de six mois par un homme qui devint merveilleux, doux et de bonne humeur. Il s'appelait Filipe.

Il lui parlait et l'accompagnait au retour du travail presque tous les jours, il insistait beaucoup et elle, ensuite beaucoup de galanteries et même un peu de gueule de bois, accepta.

Valdelice était en train de vivre l'amour de la cinquantaine, mère de nombreux enfants, déjà éprouvée, santé affaiblie, s'est donnée à l'amour de Philippe.

Vous connaissez ces gens qui viennent changer une vie ? C'était lui.

Il était le contraire de Januário. En recevant son oui, il prit la famille comme un homme responsable de fait et, s'il se fit des amis, des enfants qui firent rapidement le contraste entre Philippe et leur père et le reçurent volontiers. Depuis l'approbation des enfants, la vie de

Valdelice n'a plus jamais été la même. L'amour n'a plus jamais manqué dans la maison, l'harmonie est devenue la routine dans la famille et la bonne humeur de Philippe a contaminé tout le monde.

Valdelice expérimente le bonheur et l'amour pour la première fois de sa vie.

Il était le gars de la blague et des surprises du week-end, il avait l'habitude d'appeler sa femme "ma sexy" et n'avait pas peur de montrer son affection en public. C'était une mer de roses d'homme.

Cependant, tout le monde savait que l'ex-mari de Valdelice était très contrarié par la séparation, l'esprit de possession lui était particulier et qu'il cherchait à tout prix à savoir où habitait son ex-femme et ses enfants.

Mais à ce moment-là, Samuel, Reginaldo et les autres frères avaient déjà construit un mur émotionnel pour protéger la mère, et elle se sentait en sécurité. En fait, elle était en sécurité.

Dans la maison, presque tout le monde travaillait et commençait très tôt, depuis l'âge de neuf, dix ans. Cependant, très informé et très intimidant, Januário découvrit finalement la nouvelle localisation de son ancienne famille à la source de l'herbe.

LE PIÈGE

Encore une fois, il a tendu un piège : Froid, voyant que ses enfants étaient grands, il resta à l'affût de loin, attendant le moment où il n'y avait plus d'homme dans la maison.

Il a un plan. Un jour, vers cinq heures de l'après-midi, il est allé dans la maison pour tuer son ex-femme. Lorsqu'il rentra chez lui, ne voyant pas Valdelice, il interrogea les enfants mineurs qui étaient à la maison et qui avaient peur de leur père. Elione, la seule fille et son frère, effrayés, ont dit que leur mère était partie travailler.

Apparemment, il était parti ou il est allé boire quelque part, parce qu'en regardant par la fenêtre, les garçons n'ont plus vu leur père.

À la tombée de l'après-midi, Valdelice rentre du travail, très heureuse et sans imaginer ce qui allait lui arriver. Elle ne savait pas que sa planque avait été découverte et que sa vie était en danger. Quand elle s'approche de chez elle, les voisins la saluent et elle répond : tout va bien.

Les enfants ont entendu la voix de leur mère et ont dit par la fenêtre que leur père la cherchait.

Elle entre dans la maison, renforce la porte de derrière, mais la porte d'entrée est fragile et la fenêtre était ouverte. Pendant qu'elle pense à faire quelque chose pour empêcher une éventuelle invasion, il arrive et entre facilement dans la maison.

Prétendant vouloir parler, mais les yeux et le nerveux le trahissaient et Valdelice le connaissait bien, elle savait qu'il voulait la tuer. Cette fois, il n'avait plus de sœur pour envoyer les enfants, qui avaient même assez grandi. Ils ont surmonté la peur et se sont placés entre le père et la mère qui était enceinte d'un enfant de Philippe.

Quand elle était enceinte, l'esprit de la mère devenait vif, il avait un couteau caché sous sa chemise, mais il ne pouvait pas le cacher.

Il a dit que c'était pour qu'elle donne sa fille, qu'il voulait sa princesse, Elione. Elle a refusé cette demande et il a essayé de distraire les adolescents et leur a dit de partir, les garçons n'ont pas obéi cette fois.

Il a alors décidé de consommer l'acte là même, poignarder son ex-femme là et partir.

Un cri d'un homme s'entend derrière son oreille, il se retourne pour voir qui était :

_ Papa ! Ça suffit comme ça !

C'était Samuel, son fils était grand, fort, un vrai homme. Samuel était le clone du Père et cela l'a paralysé pendant quelques secondes, il n'y a pas eu de câlins ni de manifestation d'émotion, mais une paralysie temporaire. Mais sa détermination à consommer le costume était plus grande.

Ignorant le cri des enfants mineurs et la présence de Samuel, il tente de poursuivre son but. La génétique neurologique de Samuel, issue de son propre père, s'allume et Samuel part de toutes ses forces.

C'était la vie de Samuel pour celle de sa mère. Il était décidé dans la tête de Samuel de mettre fin à cela sans laisser la possibilité d'un nouveau coup.

Il est allé avec la force d'un taureau défendant son petit et a réussi à désarmer son père, une telle force physique, mais il a perdu le contrôle et a décidé de tuer, le père a senti que l'un des deux resterait là et a décidé de se battre pour la vie, une voisine essaye d'entrer dans la maison, Philippe rentrait du travail et il est tombé sur la scène.

Philippe était de bonne humeur, mais il savait prendre la vie de sa famille au sérieux. Voyant la scène, Samuel prit le couteau et tenta d'assassiner son père, sa marraine, qui était entrée dans la maison, mit courageusement la main sur le couteau et se coupa gravement.

Philippe prit le contrôle de la bataille et cria à Samuel de ne pas tuer, mais de battre l'ancien compagnon de Valdelice. C'était une scène surréaliste. Le bourreau a pris une raclée, il était très fatigué et désarmé, il ne présentait pas plus de danger, du moins à ce moment-là. Ainsi, vaincu et blessé, Januário disparut de la région.

La peur a recommencé à fréquenter l'âme de Valdelice, et elle a voulu s'en aller. Maintenant qu'il savait pour la planque, il pouvait revenir et la prendre par surprise et seule.

Elle a parlé à ses fils et à Philippe, et ils ont décidé d'écouter la guerrière. Bien qu'ils ne soient pas allés très loin du quartier, la maison trouvée semblait plus sûre. Il était toujours à la source de l'herbe, mais inspirait protection. La maison appartenait à M. Ferreira. Ils y sont restés longtemps, puis sont allés vivre à Bom Juá.

Bon Juá, limite avec Grande Ferme de la retraite et Saint Caetano, a émergé des occupations spontanées dans les années quarante, quand une partie de la rue directe et adjacente étaient utilisées comme potager.

L'intensification de l'occupation remonte aux années 50 et 60, il y avait encore beaucoup de broussailles.

Dans la rue principale, il y avait des égouts à ciel ouvert et de la boue, quand il pleuvait, il pleuvait, on ne voyait que les toits des maisons et la végétation la plus élevée. Les résidences étaient éloignées l'une des autres et la plupart des maisons étaient de taïga. Au début de l'occupation, Bom Juá était servi par de nombreuses sources.

Une seule d'entre elles existe encore : la **source de Bica. Selon les informations des habitants, la source est utilisée non seulement pour les bains et le lavage, mais aussi pour la consommation de la population.**

Le nom du quartier remonte à l'époque où Bom Juá était une forêt fermée avec divers arbres fruitiers. Parmi ces arbres, il y avait le juazeiro, dont les feuilles sont utilisées pour nettoyer les dents.

Il y en avait cependant une spécifique, qui se trouvait plus ou moins en fin de ligne, qui était donnée quantité'. Et quand les gens se trouvaient sur le chemin, ils demandaient :

"Où tu vas ? Certains disaient : "Je vais chez le Bon Juá".

Et c'est ainsi qu'elle fut baptisée toute la région.

Là, Vardé était vraiment aimée et très heureuse, il vivait avec son vrai prince, Philippe, avec qui il avait encore deux fils, une fille et un enfant qui fréquentait l'église du voile. La jeune fille était décédée, comme l'aînée de Valdelice, et seule une fille était arrivée à la phase adulte, la reine déjà mentionnée et le fruit d'une grande admiration de sa mère, Elione. C'est pour elle que le médecin a avoué qu'au cours de toutes ses années de médecine, il n'avait jamais vu un cœur aussi enflé et noir que celui de Mme. Valdelice.

Le fils cadet, oui, a survécu, le fils ultime de Philippe et Valdelice a grandi et a reçu le nom de Paul Philippe, dont il ressort, avec les mêmes caractéristiques que le père, travailleur, instruit, homme de nombreux amis et même protecteur des neveux, d'humeur très frappante, comme son père.

L'ancien bourreau, maintenant très malade, a demandé l'aide de la médecine conventionnelle, a commencé un traitement et a subi une chirurgie du foie.

Malheureusement, une fin tragique a eu lieu pendant que les médecins opéraient l'organe le plus silencieux du corps humain, il a fait un arrêt cardiaque et n'a pas survécu.

Tu te souviens du bébé qui était encore dans le ventre de Valdelice quand son ex-mari la frappée avec une barre de fer ? Bien, c'est un garçon, il est né, et on en reparlera plus tard. Ces amertumes, vécues dans l'enfance et l'adolescence, provoquent une formation de caractère agressif, hautement déplaisant et souvent tendancieux au crime.

D'autre part, on peut déclencher des enfants et des petits-enfants ayant des problèmes neurologiques, psychologiques et des comportements dépressifs inexplicables si on ne les étudie que superficiellement.

Les gens non-communicateurs, ou trop agressifs dans leur comportement social, viennent généralement d'héritages familiaux traumatisés, ils ont des conflits émotionnels qu'ils ne découvriront jamais la source s'ils ne font pas de bonnes recherches. C'est pourquoi une observation plus étroite est nécessaire afin de ne pas émettre de jugement prémédité et partial.

Bien, l'homme qui aimait Valdelice lui a donné les meilleurs et les plus sûrs jours de sa vie, mais il ne pouvait pas éliminer les séquelles de la santé qu'elle avait acquise dans sa jeunesse, même s'il essayait tout. Philippe mourut dans le quartier de Bon Juá, à la fontaine du bec, étonnamment avant l'amour de sa vie.

Lampes

Avec le décès de Philippe, l'un des fils de Januário, Edison, qui était déjà marié, mais qui vivait sous des cierges, eut peur, sachant que la maison de sa mère avait perdu un de ses moyens de subsistance, vivant à bail, les choses étaient difficiles. Il y a eu une crise du chômage, et sa sœur Elione était enceinte et elle n'avait aucun moyen de travailler, car elle prenait soin de sa mère.

En voyant ce scénario, et en ayant les moyens de se loger, Edson a proposé à sa mère d'emménager avec lui à Candeias. Elle a dit qu'elle ne partirait pas sans Elione. En fait, il y avait une très belle amitié entre elles qui transcendait la relation mère-fille. Elles étaient proches, très proches.

Évidemment, Edson n'économise aucun effort, et il emmène la mère, et la seule sœur, Elione, Sergio et Paul, "les petits" étaient déjà avec lui à Candeias travaillant dans l'atelier. Edinho habitait près de ses grands-parents, à quelques kilomètres d'Alagoinhas, Candeias est proche de Santo Amaro et San Francisco do Conde.

Candeias est aussi une ville du fond de la baie, c'est là que grandissent les enfants les plus jeunes de Valdelice.

Sergio et Paul, étant d'âges proches, ont toujours été plus proches, plus amis.

Tous deux respectaient les frères plus âgés qui leur avaient enseigné diverses professions, afin qu'ils gagnent leur vie quand ils sont plus grands.

Les notions de maçon, d'électricien, de soudeur, et tant d'autres choses, étaient l'affaire des deux.

Edinho avait un atelier et il y entraînait ses frères.

Le bourgeon blessé

Celui d'avant était très pleurnichard quand il était enfant, mince, quelques marques de blessures sur le corps et un amoureux du café.

Les frères aînés disent qu'il s'accrochait aux jambes de sa mère pendant que Vardé passait des vêtements. Il pleurait tout le temps et buvait son café. C'est de lui que j'ai dit qu'on allait parler, c'est lui le bébé qui a été frappé dans le ventre de sa maman.

Eh bien, le garçon qui bégayait tout le temps, qui pleurait et buvait du café, c'est lui le survivant.

Le garçon qui souffrait et qui n'était pas sûr de lui grandit, et maintenant, il était un jeune homme qui demandait la paix, la joie, le salut, demandait l'amour, cette fois avec ses frères aînés à Candeias.

Cela a été l'une de ses recherches les plus intenses, paix et amour, et même celui qui l'a connu de près, témoin de la patience et de l'amour qu'il a toujours donné.

Ce qui est curieux, car en général, les fruits d'un arbre très éprouvé tendent à porter cette blessure et à transmettre la douleur à la semence, de sorte que le nouveau fruit est toujours une copie potentielle de la victime.

LA SANTÉ
DE VALDELICE

La bonne

Vivant dans la maison d'Edson, il est apparu qu'il fallait une aide, quelqu'un qui puisse laver, passer et cuisiner. Parce que Mère Vardé n'était plus en bonne santé, et quand elle essayait, les suites parlaient trop fort, la forçant à s'arrêter et la rendant très fatiguée. Elle a dû se rendre et accepter l'effet du mal qu'elle avait vécu.

Puis, une jeune femme brune, petite fille, également fille de la voûte de Bahreïn, apparut comme candidate. Elle était originaire de la ferme de la ville de San Francisco do Conde, fille d'Antonio Marcelino, propriétaire d'un grand terrain dans les plaines, quartier de San Francisco du Conde, très connu dans la ville, marié à Maria Ester.

Le couple a eu beaucoup d'enfants, hommes et femmes, la brunette est la fille la plus âgée, sur les vingt graines produites par le couple.

Marcellin était un homme ferme, d'une voix forte. Esther avait les yeux de chats et la peau claire. Ce qui a produit un très beau mélange génétique.

La jeune femme, chrétienne, de ces timides et sages, était sûr des chandeliers à la recherche d'un emploi, exactement dans la ville choisie par Edinho à des fins commerciales. En fait, la ville est devenue un excellent lieu de commerce et de développement.

Elle, la fille, logeait avec une sœur de foi de l'église.

En croyant en un nouveau monde de possibilités, basé uniquement sur la foi, elle découvre les opportunités d'emploi et se lance.

Elle a saisi l'occasion et a saisi "avec ses griffes et ses dents" comme on dit à Bahia, gagnant la sympathie de la famille.

Laborieuse et bien entraînée par Esther dans les services de la maison, Dilma travaillait et le résultat était visible et satisfaisant. La famille était heureuse, épargnait la femme d'Edson et la mère Valdelice, et remplissait les yeux des enfants de la maison.

Comme elle était très belle, alliée à l'inclination religieuse, ce qui lui donnait cette apparence carolienne. Elle était très draguée, mais réfutait timidement les flatteries.

En fait, même s'il n'avait pas les freins religieux, il avait déjà craint Marcellin, qui n'était pas un homme fragile. De toute façon, elle n'était pas là pour s'aventurer avec quelqu'un, elle avait des projets très clairs à l'esprit. Le problème, c'est que le fils de Valdelice, ce qui bégayait, était insistant, et comme elle, il n'avait ni le mal ni les attributs de la sexualité effleurés.

Ce qui est sûr, c'est que lui, l'homme qui voulait du café, était encore vierge.

Lui, 17 ans, elle, un an de plus, 18 ans.

Elle s'est arrêtée pour expliquer qu'elle ne pouvait pas sortir avec lui, puisqu'elle était chrétienne, il n'a pas (il y a ce genre de conflit dans quasiment toutes les religions), il promettait qu'il serait également chrétien, bien sûr, c'était une promesse vague.

Un jour, le jeune homme gêné a osé avancer le signal et a essayé de voler un baiser à la jeune fille, mais de façon maladroite, il a effrayé la jeune fille. Elle, avec l'esprit typique de l'époque, s'enfuit de la maison, avec le sentiment d'avoir péché contre la foi, avec colère, mais en même temps, avec peur de céder à la tentation et aux caprices du brun.

C'était un beau jeune homme, la voix douce et le ton approprié, sourire coquin et travailleur. Dilma s'est enfuie de son travail et est retournée chez sa sœur de l'église. Elle a pris son sac et a soudainement quitté la maison qui semblait être la maison de son nouveau départ.

Connu en ville, il trouva facile, la maison qui avait abrité le mulâtre qui avait touché son cœur, était en effet le premier amour de la vie du jeune homme qui voulait être aimé. Arrivé chez la fille, il créa une histoire et, profitant du fait que la brune n'était pas là, il a dit qu'il était allé à sa demande, pour prendre son sac.

Il a laissé un message :

"Quand elle rentrera, dis-lui que son petit ami est venu et que c'est pour qu'elle rentre."

Pas de sac, bien qu'effrayée, elle est allée chercher ses affaires, là, elle a été courtisée, cette fois avec plus de force et de conclusion.

Il était déterminé, même s'il était encore jeune. Il avait déjà beaucoup souffert pour abandonner à ce moment-là. Valdelice approuvait la fille, donc tout allait bien. Ils se sont compris, et avec son approbation, maintenant plus accessible, bien qu'ayant encore beaucoup de peur, elle a permis et l'amour est né.

Le plus marquant et sécurisant dans l'esprit de la brune, c'est qu'il a voulu aller parler à son probable beau-père. Avoir le courage d'affronter Marcelino n'était pas seulement un acte de bravoure, c'était un acte d'amour pour elle. Elle se sentait plus en sécurité.

Elle, qui était allée trouver un travail, a trouvé l'amour.

Il a parlé au vieil homme, il a montré sa personnalité et sa sécurité, et il a été approuvé.

C'est bon, c'était fait. À partir de là, c'était une nouvelle vie pour les deux, c'était la lutte pour la survie personnelle et l'amour de deux jeunes à la recherche du bonheur.

Elione et Valdelice avaient quitté le Salvador pour rejoindre leurs frères, les plus âgés comme les plus jeunes. **Samuel**, cependant, décida de rester à Salvador, qui avait trouvé la voie de l'artiste, de l'artiste, sculptait dans le plâtre et était appelé "Samuca du plâtre".

Le caractère de responsable était la marque de Reginaldo et Edinho (Edson), les trois plus âgés, simplement responsables du sauvetage de Valdelice.

À Candeias, ils ont vécu longtemps, jusqu'à ce qu'ils décident de retourner à Salvador. La famille avait grandi, Elione était déjà mère de deux fils : Joseane et Josenildo, mais elle ne détournait pas les pieds de sa maman Valdelice.

Ils ont décidé de vivre dans un quartier appelé "Pau miudo", mais ça n'a pas marché, ce qui a provoqué le déménagement dans un autre quartier, la Ferme Grande de la Retraite.

Ce changement, c'était énigmatique, c'était un changement à pied, Elione, Sergio, Dilma et Valdelice ramassaient les quelques meubles qu'ils avaient, pour transporter tout dans leur tête jusqu'à Bom Juaa.

Ce n'est qu'au cours du dernier voyage qu'Elione et Sergio firent un pacte miraculeux : Joseane et Josenildo, encore bébés, Dilma, gestante de leur premier fils, et Valdelice, iraient en taxi.

Ils avaient déjà donné beaucoup, même si l'argent était peu, ils étaient sages et ils l'ont fait. Les plus forts étaient à pied.

C'est dans ce quartier que naquit le premier fils de Dilma et Sergio. Ils vivaient après la fin de la ligne de bus en direction de Bom Juá, près de l'épicerie de Gilson, où ils achetaient toujours de la nourriture, de la farine et ainsi de suite.

Là, ils se sont battus pour survivre, le chômage a affecté la famille et Elione a mis une tente pour vendre "cavaco", très utile dans le café pour le repas de l'après-midi à l'époque à Bahia. Valdelice était très malade et avait de nouveau des difficultés de santé, mais elle était heureuse à cause de ses enfants.

Elle a pu voir le début de sa descendance, surtout des enfants plus jeunes, qui étaient les plus vulnérables. La famille, toujours unie et résistante aux problèmes, n'hésite pas à changer de place dans l'attente de trouver l'oasis. En fait, c'était la quête de toute famille simple de l'époque, le rêve de conquérir sa propre maison devenait de plus en plus lointain.

Tous, âgés de 19 à 30 ans, cherchaient refuge là où il y avait de l'eau. Généralement près d'une rivière ou d'une fontaine. Pour ceux qui ne le savent pas, Salvador est très célèbre pour de nombreuses sources et rivières, certaines des sources n'existent plus et les fleuves ont été transformés en égouts.

Ils allèrent alors vivre à Alto do Cabrito, la maison était dans une région très raide et la santé de Valdelice ne supportait plus tant d'efforts, Elione, avait trouvé du travail et avait peur de la laisser seule à la maison. C'est alors que sont apparus la possibilité d'acquérir un terrain et de construire sa propre maison.

Dans ces événements, il y avait toujours la présence de Samuel, il était très bien informé sur les lieux qui étaient les plus susceptibles d'être habités, souvent étaient des établissements illégaux appelés populairement "invasion".

Cette nouvelle localité se trouvait dans la région de la banlieue ferroviaire de Salvador, à Alto de Coutos. Là, Valdelice a décidé de quitter l'église "Christian Do Brasil" et de fréquenter l'Assemblée de Dieu.

Alors Elione, qui n'avait jamais été chrétienne, décida d'aller dans la nouvelle église de sa mère. C'est là qu'elles se réfugient et guérissent les blessures de l'âme.

Luttant contre le destin

Les résultats d'un foyer hautement conflictuel, d'un environnement belliqueux et déséquilibré sont toujours tragiques.

C'est pourquoi il est nécessaire de souligner l'effort et la détermination de toutes les personnes impliquées dans cette difficile bataille émotionnelle et psychologique.

Réginaldo grandissait et, étant l'aîné, il se vidait plus vite, même, il réussit à surmonter les difficultés de l'enfance éprouvée. Il a développé une intelligence logique, et toujours conseiller, il était l'un des fils les plus réputés de Vardé. Un homme typique de grandes familles qui élève une référence pour l'organisation, la réconciliation et la célébration. Très noble et très solidaire, il manquerait de place pour le décrire complètement. Cependant, sa santé ne pouvait pas supporter longtemps, aimait le chien, élevait des poissons, enfin, un homme qui s'accordait avec l'idyllique, mais il est parti en regrettant.

Edson, plus connu sous le nom d'Edinho, a toujours aimé extirper une joie dans la culture de Bahia, se prévalant de blocs de carnaval comme " Les fils de Gandhi" et aimait boire.

Bucolique, il pleurait constamment dans les moments d'ivresse, ce qui rendait évident qu'il gardait des traumatismes et des chagrins non surmontés. Il apparaissait toujours dans la rue où vivaient ses jeunes frères, il se réjouissait et partageait ses sentiments pour ses frères, c'était un être humain fantastique. Malheureusement, après de graves problèmes de circulation sanguine, presque de la même manière que son frère aîné, a eu des problèmes de thrombose et est décédé à l'hôpital.

Samuel, l'un des piliers les plus solides de la famille, le second fils, a toujours porté le gène du père de façon plus catégorique, involontairement. Ce destin rendait difficile une meilleure compréhension de sa société et de ses problèmes personnels. Il prenait des médicaments, mais cherchait à ne pas être dépendant et se consacrait au monde de l'art avec du plâtre.

En plus d'aimer la musique et de se délecter au son des tambours et des percussions des groupes "Ara Ketu" et "Ilê Aiyê" était compositeur. C'était une conduite de se cacher de toutes sortes de fatalisme génétique, réclamant toute la vie d'un artiste bien qui avait volé une de ses compositions.

Il est devenu connu dans la périphérie de Salvador et même dans le centre de la ville, comme "Samuka do Gesso", a échappé à de nombreuses reprises de la mort et, mais est décédé d'un traumatisme crânien après une chute dans la salle de bain du même hôpital où Edson son frère, est mort trente jours plus tôt.

Evaldo est une icône de la famille, un des fils de Valdelice, très réussie. Il a travaillé pendant de nombreuses années dans une entreprise appelée Usiba à Salvador-Bahia, a réussi à réunir un bon argent et à un moment inattendu, il a quitté la société. Il est tombé malade émotionnellement et aussi neurologiquement, cependant, a continué à lutter, plus développé un esprit déambulateur, est devenu aveugle et vit de manière déplorable dans les rues de Salvador-Bahia, dans le quartier de Campo Grande.

La plus grande douleur, néanmoins, est restée avec **Elione**, et cela n'a rien à voir avec le fait d'être une femme, mais plutôt avec le fait qu'elle possède une mémoire brillante. Aujourd'hui, à 66 ans, elle se souvient clairement quand elle avait 3 ou 4 ans. En fait, l'un des plus grands vecteurs de la plainte rapportée ici est elle, la seule femme de la famille.

Elle raconte avec une douleur émouvante et des larmes d'impuissance chaque acte de lâcheté qu'elle et ses frères ont subi. Elle-même a porté un fardeau extrêmement lourd pendant longtemps, jusqu'à ce qu'elle se penche sur la foi et alléger un peu ce fardeau émotionnel.

Elione eut encore la douleur de voir une de ses sœurs, fille de Philippe, mourir quelques jours après l'accouchement, et elle devint comme une icône dans la famille, comme une graine résistante.

La fille amie et en même temps, copie physique de l'aspect de Valdelice a eu quatre enfants, s'est mariée deux fois et a été déçue quand elle a essayé de mettre en place une nouvelle relation affective. Visiblement déçue, Elione a trouvé une sorte de compensation dans l'exercice de l'action solidaire.

Avec des notions d'infirmières assez raffinées, il a fait des injections aux gens du voisinage et il a toujours accompagné les gens dans les hôpitaux, et cette attitude solidaire est devenue un drapeau pour cacher les traumatismes de l'enfance et de l'adolescence.

Elione est actuellement en pleine activité dans la ville de "Entre Rios" avec quelqu'un de très connu dans le secteur de l'action sociale chrétienne, Florisvaldo.

Dans les moments vagues, elle retourne à Sauipe, où elle se repose avec ses filles, oui, elle a eu deux garçons et deux filles. La plupart des faits rapportés ici sont d'Elione. C'est d'elle qu'il s'agit d'alerter les familles sur la construction de traumatismes provenant de foyers déséquilibrés, elle a vécu sur sa peau.

Ce livre a pour but de vous instruire, homme ou femme, marié ou non, avec des enfants et sans, sur la grande importance de promouvoir la paix dans un foyer.

En effet, les actions menées au plus fort de la colère et du dérapage peuvent entraîner des traumatismes futurs chez les enfants et les petits-enfants de manière irréversible.

Quatre femmes sur dix qui ont grandi dans un foyer violent ont déclaré souffrir du même type de violence dans la vie adulte, ce qui signifie qu'il y a une répétition de modèles dans leur propre maison. La soi-disant transmission intergénérationnelle de la violence domestique (TIVD) est définie comme un mécanisme de perpétuation du problème, qui, selon des études, suggère une plus grande incidence dans les foyers avec lesquels la femme, son partenaire ou les deux ont été exposés à l'agression dans l'enfance.

Le même pourcentage (4 femmes sur 10) apparaît également par rapport à l'impact sur le comportement masculin, révélant que des partenaires ayant grandi dans un foyer violent ont également commis des agressions contre leurs partenaires.

Selon des recherches, une femme sur 5 a eu des contacts avec un type de violence domestique pendant son enfance ou son adolescence, 23% disent avoir des souvenirs de la mère battue, l'affaire Elione, et 13%

savent que la mère de son partenaire a aussi subi une agression.

L'étude suggère que les enfants exposés à la violence domestique sont plus susceptibles de subir des agressions dans des relations affectives au cours de leur vie adulte.

Ainsi, nous prouvons qu'il y a un lien entre les générations. Si nous parvenons à réduire la violence aujourd'hui, nous améliorerons non seulement la vie des femmes qui vivent aujourd'hui, mais aussi celle des personnes qui vivront dans 15, 20, 30 ans.

VIOLENCE PENDANT LA GROSSESSE

D'autres chiffres montrent les pourcentages de violence domestique envers les femmes enceintes. Selon des recherches, c'est la réalité pour 6,2% des femmes interrogées qui sont déjà enceintes.

Les villes de Natal, Salvador, Recife et Fortaleza ont des taux plus élevés que la moyenne. Les conclusions montrent que, plutôt que de menacer la santé et le bien-être des femmes, la violence durant la grossesse peut avoir de graves conséquences pour les générations futures.

Elles montrent également que la gestation est 10 fois plus fréquente chez les femmes moins instruites. En outre, les femmes noires et les grives représentent 77,4% de ces femmes qui ont été agressées durant leur grossesse.

La révélation est choquante lorsque nous analysons des données qui montrent que 6,2% des femmes du nord ont eu une expérience de violence pendant la grossesse. (...)

La violence domestique n'est pas un problème qui concerne uniquement les femmes, mais qui doit être traité uniquement par les femmes et uniquement dans le domaine social.

C'est un problème de toutes et tous qui doit être largement discuté si nous voulons vraiment faire face à ce mal qui tue nos femmes et laisse orphelines nos enfants", souligne Maria da Penha, fondatrice de l'Institut qui porte son nom.

Le poids de la violence domestique est également plus important lorsqu'il y a une comparaison entre les femmes blanches et les femmes noires. Une Noire sur quatre se souvient d'épisodes de violence contre sa mère. Parmi les Blanches, une personne sur cinq a dit avoir vu quelque chose.

Valdelice mourut le 6 octobre de 1981, elle n'avait que 53 ans, relativement jeune, mais sa tragique histoire perdure encore aujourd'hui. Les effets génétiques des enfants et petits-enfants seront par ailleurs signalés dans un prochain exemplaire.

À bientôt...

Sergio Junior

À propos de l'auteur

Né à Salvador Bahia, Sergio Junior est une âme hybride avec un esprit proactif. Dans son discours courtois, il a le pouvoir de régler les conflits et de faire réfléchir.

Excellent penseur, il interagit avec le lecteur de manière sereine et volontaire. Il écrit sur le comportement humain, l'intelligence émotionnelle et la psychologie analytique, a publié des livres en France, au Portugal et au Brésil.

Il travaille dans la sécurité de l'immigration en Europe, où il vit depuis 2011. Pragmatique et poétique, il attire l'attention sur la méthode bionique d'écriture à la fois naturelle et spirituelle.

En 2019, il remporte le concours de poésie « Psaumes Modernes III » de Boston aux États-Unis. En 2020 et 2021, il a terminé deuxième du prix "le meilleur du Brésil en Europe" en tant que meilleur écrivain brésilien. La cérémonie de remise des prix a eu lieu à Londres au palais de Kensington.

Sa façon de penser le monde est déjà connue des lecteurs sur les réseaux sociaux et dans des livres publiés.

Les livres de l'auteur peuvent être trouvés sur le site Amazon, Chiado Books, Uiclap, CRV.

Les réseaux sociaux de l'auteur : @escritorsergiojunior

Noiraigue, 2024, Suisse.

FIM